fruits basket

UNE CORBEILLE DE FRUITS

Volume 9

NATSUKI TAKAYA

QUELLE BELLE JOURNÉE... JE ME SENS EN PLEINE FORME !

Sommaire :

Tohru Honda :

Notre personnage principal. Une charmante et énergique lycéenne. Elle rêve de voir le chat faire partie des douze animaux du zodiaque chinois.

Shiguré Soma (Le Chien) :

C'est le "chef" de la maison où vivent Tohru, Yuki et Kyô. Il est une sorte de tuteur bienveillant pour les trois adolescents.

Kyô Soma (Le Chat) :

Il passe son temps à vouloir se battre contre Yuki, afin de prouver aux autres sa supériorité sur son ennemi juré. Sa seule motivation est de devenir membre à part entière des douze animaux du zodiaque chinois.

Yuki Soma (Le Rat) :

Il est dans la même classe que Tohru, au lycée. Il est admiré par toutes les filles du coin. Il a même été surnommé "Le Prince". Il est beau, sensible et intelligent. Un de ses passe-temps préférés : le jardinage. Il a d'ailleurs un beau jardin potager.

Résumé des huit premiers volumes :

Bonjour tout le monde, je m'appelle Tohru Honda ! Il y a longtemps, je vivais seule, sous une tente. Mais maintenant, j'habite chez les Soma. Enfin, dans une des nombreuses maisons qui appartiennent à la famille Soma. Certains membres de cette famille sont "hantés" par l'esprit de l'un des douze animaux du zodiaque chinois. Les Soma ont tous un sacré caractère, et je suis régulièrement surprise par leurs attitudes ou leurs réflexions. Mais, au fond de moi-même, je sais qu'ils sont tous très gentils. Vous savez, les vacances d'été sont enfin arrivées. Je suis curieuse de savoir ce qui va se passer ! Pour tout vous dire, c'est bien la première fois que je suis aussi excitée par ça ! J'ai la forte intuition qu'il va bientôt m'arriver quelque chose de très important pour ma vie future. En ce qui concerne aujourd'hui, bien que nous soyons en vacances, yuki est quand même parti au lycée...

fruits basket

Chapitre 49

DE QUI S'AGIT-IL ? POUR LE SAVOIR, VOUS DEVREZ LIRE LE CHAPITRE 49 !

HAAH ! C'EST UN VRAI LUXE, POUR LES ENFANTS, D'AVOIR D'AUSSI LONGUES VACANCES D'ÉTÉ !

VOUS NE CONNAISSEZ PAS VOTRE BONHEUR ! UNE FOIS QUE L'ON DEVIENT ADULTE, CE GENRE DE VACANCES DEVIENNENT UN RÊVE FOU, COMPLÈTEMENT IRRÉALISABLE ...

CRI- CRI- CRI-

CRI- CRI- CRI-

GLING GLING

HEIN ?! ... T'AS UN SACRÉ CULOT DE DIRE ÇA ! TON RYTHME DE TRAVAIL EST TELLEMENT IRRÉGULIER QUE LES GENS DE TON ENTOURAGE SONT PERSUADÉS QUE TU ES EN VACANCES TOUTE L'ANNÉE !

RE-TOURNE TRA-VAILLER !

Bavardage sur presque rien n° 1 :

J'ai raccourci le titre de cette petite rubrique. (pour être franche, j'en avais assez d'écrire à chaque fois un titre aussi long !) ...ça vous plaît mieux, comme ça ?
Dans ce chapitre, nous allons découvrir les autres membres (enfin, en réalité, une partie seulement) du comité de l'association des élèves. Après ça, on ne les verra plus pendant quelque temps !

J'AI PRIS DU RETARD, ALORS JE DOIS ME DÉPÊCHER

OUI... J'AI DES DOSSIERS À TRAITER, POUR L'ASSOCIATION DES ÉLÈVES

AH HH!!

EXCUSEZ-MOI...

S'IL TE PLAÎT... BAISSE TON FER À REPASSER !

JE VOIS QUE TU ES EN UNIFORME. TU VAS AU LYCÉE ?

DIS-MOI, YUKI...

EH BIEN, EN FAIT, NON... PAS ENCORE

OH, YUKI...

AH BON ?!

EST-CE QUE TU AS PU RENCONTRER TOUS LES MEMBRES DU COMITÉ ?

JE CROIS QU'IL N'A PAS ENCORE COMPRIS QUE C'ÉTAIT EN GRANDE PARTIE POUR CELA QUE NOUS AVIONS PRIS DU RETARD SUR NOTRE PLANNING !

AH OUI ?

HÉ HÉ

TAKEÏ, L'ANCIEN PRÉSIDENT, EST EN TRAIN DE CHOISIR AVEC BEAUCOUP D'ATTENTION TOUS LES MEMBRES...

HÉ HÉ HÉ

ON EST DÉJÀ EN VA-CANCES...

EST-CE QUE C'EST NORMAL ?

CRI

CRI

"CE TYPE N'A AUCUN INTÉRÊT !"

CRI

CRI

JE SAIS BIEN ...

QUE C'EST LA VÉRITÉ

RETOUR-
NEMENT

EEEHHH !!

QUOI ?!

EN PRINCIPE, LES GENS M'APPELLENT : MANABÉ, OU MONSIEUR MANABÉ, PARFOIS NABÉ, OU KAKEROU... OU BIEN ENCORE "EH, TOI, LE GAMIN, LÀ-BAS !"

"UNE VRAIE CASSEROLE QUI S'ENVOLE" !!

AU FAIT... MOI, C'EST KAKEROU ! KAKEROU MANABÉ ! LES IDÉOGRAMMES DE MON NOM PEUVENT SIGNIFIER :

TU PEUX DONC M'APPELER COMME TU LE DÉSIRES

MAIS CE QUE JE PRÉFÈRE, C'EST QU'ON M'APPELLE "SHÔ" ! C'EST L'AUTRE PRONON- CIATION DE MON PRÉNOM, ET PUIS, ÇA FAIT BEAU- COUP PLUS CHIC !

MAIS, PERSONNE NE VEUT M'APPELER COMME ÇA

ENCORE UN TRUC IMPORTANT !

ELLE, ELLE EST ENCORE EN PREMIÈRE ANNÉE... ELLE S'APPELLE MATCHI. MATCHI KURAGUI. ET PUIS ...

MOI, JE SUIS DANS LA CLASSE A, EN DEUXIÈME ANNÉE, TU PIGES ?

JE ...

HÉ HÉ

T'INQUIÈTE PAS, JE TE CONNAIS DÉJÀ ! T'ES YUKI SOMA, PAS VRAI ?

EST-CE QUE JE VAIS RÉUSSIR À FAIRE QUELQUE CHOSE, AVEC EUX ?!

ET MAINTENANT...

JE CROIS QUE JE VAIS ALLER ME RECOUCHER. JE TE SOUHAITE BONNE CHANCE, POUR LE RESTE

UN INSTANT !

ZZZ OUH

NE T'INQUIÈTE PAS, ON VA EXÉCUTER TOUS TES ORDRES À LA LETTRE ! TU N'AS QU'À NOUS DIRE CE QU'IL FAUT FAIRE !

C'EST ÉTRANGE...

CE QU'IL DIT ET CE QU'IL FAIT... CE N'EST PAS DU TOUT COHÉRENT ! ET EN PLUS, VISIBLEMENT, IL NE PENSE PAS AUX SENTIMENTS DES AUTRES ! LA PERSONNE QU'IL ME RAPPELLE, C'EST...

C'EST COMME SI JE REFUSAIS EN BLOC CE GENRE DE COMPORTE-MENT...

SON ATTITUDE ME RAPPELLE QUELQU'UN D'AUTRE...

HA HA

HA

HA

32

C'EST VRAI QU'ILS ONT TOUS LES DEUX UN CARACTÈRE TRÈS "PARTICULIER"

DE CE POINT DE VUE-LÀ, ILS SONT AUSSI BIZARRES QUE NOUS, LES SOMA ...

HI HI HI ...

EN TOUS CAS ...

IL M'A LAISSÉ SOUS-ENTENDRE QUE J'ÉTAIS FACILE À TAQUINER

?

IL M'A DIT ...

C'EST VRAI QUE ÇA RISQUE DE NE PAS ÊTRE FACILE TOUS LES JOURS ...

CEPENDANT ...

QUAND JE PENSE QUE C'EST MOI QUI SUIS LE PRÉSIDENT DE L'ASSOCIATION, ET QUE JE SUIS CENSÉ DIRIGER DES GENS COMME EUX !

ÇA VA BIEN SE PASSER ...

JE LE SENS !

OUI. TU AS SÛREMENT RAISON ...

DANS LA VIE, C'EST TOUJOURS COMME ÇA – AVEC UN SIMPLE PETIT MOT ...

ON PEUT BLESSER QUELQU'UN ...

OU AU CONTRAIRE, LE RASSURER ET L'ENCOURAGER !

Chapitre 50

Bavardage sur presque rien n° 2 :

Avec ce chapitre, j'arrive enfin au chapitre 50... Je suis déjà arrivée si loin que ça ?! Hourrah !
Je crois que j'ai vraiment bien travaillé !!

SON SOURIRE EST TRISTE... ET MÉLANCOLIQUE

VISIBLEMENT, POUR TOI, ON S'EST RENCONTRÉS...

À UN MOMENT TRÈS "INUTILE" !

MAIS...

EXCUSE-MOI...

IL L'A TROMPÉ ?

ON DIRAIT BIEN

UN COUPLE QUI SE DISPUTE

OH LA LAA

MOI, JE N'AI PAS DU TOUT EU L'IMPRESSION...

QUE NOTRE RENCONTRE ÉTAIT INUTILE !

NOTRE RENCONTRE ÉTAIT AMUSANTE

DEPUIS QU'ON S'EST RENCONTRÉS, MÊME SI JE NE VOULAIS PAS Y CROIRE...

MAINTENANT, ON MANGE DES BONNES NOUILLES

DE T'AVOIR IMPORTUNÉ

À CHAQUE INSTANT...

ET DE PLUS EN PLUS... CHAQUE JOUR...

C'EST
COMME SI
...

NON, ÇA VA !

GRANDE SŒUR... TU ES TRISTE ?

ARRÊTE !! SI C'EST LE CAS, J'AURAIS VRAIMENT TOUT PERDU !!

QU'IL N'EST PAS DÉJÀ MARIÉ, AVEC DES ENFANTS ?

JE N'AI PLUS QU'À ATTENDRE

MALHEUREUSEMENT, JE NE LE REVERRAI PLUS JAMAIS, S'IL NE VIENT PAS À LA SUPERETTE ...

OUI... C'EST VRAI ...

MM ...

QUOI QU'IL ARRIVE ...

TU SERAS SÛREMENT HEUREUSE DE LE REVOIR !

AU FAIT, ARISA... TU ES SÛRE ...

POURRAIS-JE
...

LE REVOIR
UN JOUR
?

ÊTRE
AVEC ELLE
...

PRÈS
D'ELLE
...

ET,
PEUT-
ÊTRE

RÉUSSIR À
L'EMBRASSER

J'AIMERAIS
TANT LA
CROISER UNE
NOUVELLE
FOIS

AH, TE
VOILÀ ENFIN,
KURÉNO
!

Chapitre 51

MERCI BEAUCOUP À TOUS !!

VOUS ÊTES TOUS FANTASTIQUES !!

AYAMÉ, TU CACHES LE TEXTE QUI EST DERRIÈRE TOI !

UN GRAND MERCI À MM. HARADA ET ARAKI, À MA MÈRE, À MES ASSISTANTES, ET À TOUS MES LECTEURS ET TOUTES LES LECTRICES QUI ME SOUTIENNENT !

MERCI POUR CEUX ET CELLES QUI M'ONT FAIT DE JOLIS CADEAUX, À LA SAINT-VALENTIN !

DANS LE PROCHAIN VOLUME, C'EST KISA QUI VIENDRA ICI.

C'ÉTAIT (UNE FOIS ENCORE) NATSUKI TAKAYA

QUAND J'ÉTAIS ENFANT, JE DÉTESTAIS SORTIR
...

J'ENTENDAIS DES "VOIX"... MÊME QUAND JE NE VOULAIS PAS LES ENTENDRE
...

... QUE ÇA ME DONNAIT LA NAUSÉE !

JE LES ENTENDAIS SI SOUVENT
...

Bavardage sur presque rien n° 3 :

Dans ce chapitre, où l'on voit Arisa, Saki et Tohru jeunes, vous aurez sûrement remarqué qu' Arisa -bien qu'elle soit collégienne- n'avait pas les cheveux décolorés en blond. En fait, elle était en phase de "rééducation"...

AUCUNE PERSONNE, DANS NOTRE FAMILLE, NE POSSÈDE CE POUVOIR... ELLE EST BIEN LA SEULE ...

TOUS CES MOTS... QUE LES GENS ONT DANS LA TÊTE ...

ON NE PEUT TOUT DE MÊME PAS LA METTRE À L'HÔPITAL ! ÇA LA PERTURBERAIT ENCORE PLUS !

JE SUIS TRÈS INQUIÈTE, CONCERNANT SON AVENIR ...

ELLE SOUFFRE AUSSI PARCE QU'ELLE POSSÈDE UN POUVOIR QUE LES AUTRES N'ONT PAS

ET SURTOUT QUE LES AUTRES ...

C'EST DUR À CROIRE, MAIS ELLE A RÉELLEMENT CE POUVOIR ...

NE COMPRENDRONT JAMAIS ...

ELLE PEUT LIRE DANS LES ESPRITS... ET PERSONNE NE PEUT RIEN Y FAIRE

C'EST TRÈS BIZARRE...

POURQUOI J'ENTENDS CE QUE LES AUTRES PENSENT... MÊME QUAND ILS NE PARLENT PAS ?

J'ENTENDS LES GENS DE MA FAMILLE... ET MÊME DES GENS QUE JE CONNAIS PAS...

UN POUVOIR ÉTRANGE...

UN POUVOIR QUE J'AI DEPUIS QUE JE SUIS NÉE

OUI ! C'EST EXACTEMENT CE QUE JE PENSAIS... "JE ME SENS VRAIMENT FATIGUÉ, AUJOURD'HUI"

MALGRÉ ÇA, TOUS LES GENS DE MA FAMILLE ONT CONTINUÉ À ÊTRE GENTILS AVEC MOI...

PERSONNE, MÊME MOI, NE SAIT POURQUOI J'AI CE POUVOIR...

ET JE NE PEUX PAS M'EMPÊCHER DE TOUT RÉPÉTER... MÊME SANS M'EN RENDRE COMPTE...

74

DEPUIS CE JOUR...

JE NE PORTE QUE DES VÊTEMENTS NOIRS

JE SAIS BIEN CE QU'ON DIT DERRIÈRE MON DOS... "J'ENTENDS" LES ÉLÈVES PENSER... ILS SE DISENT QUE J'AI JETÉ UN SORT À CE GARÇON

... ET QU'IL A FAILLI MOURIR, À CAUSE DE ÇA. MAINTENANT, IL Y A ENCORE MOINS DE GENS QUI VEULENT ME PARLER

MES VÊTEMENTS NOIRS ONT CONTRIBUÉ AU FAIT QUE LES AUTRES S'ÉLOIGNENT ENCORE PLUS DE MOI...

DIS-MOI, SAKI... POURQUOI TES LIVRES SONT-ILS AUSSI ABIMÉS ?

IL FAUT QUE TU PRENNES PLUS SOIN DE TES AFFAIRES

TOUT CELA...

ET PUIS...

OUI, C'EST VRAI !

C'ÉTAIT COMME UNE PUNITION "NATURELLE"

AHH !!

OUAAHH !!

DAN BLOM

OUI...

VOUS NE DEVEZ PLUS VOUS APPROCHER DE MOI

Impressions n° 4 :

Je vais maintenant vous parler d'une drôle d'expérience que je viens de faire. En règle générale, il est très rare que je rêve des personnages de mes séries. Mais, il y a quelques jours, j'ai vu brusquement apparaître Yuki et Kyô dans un de mes rêves ! C'était la première fois ! C'est sûrement parce que je fais cette série depuis un bon moment. Dans ce rêve, je me voyais en train de leur dire au revoir, et ils marchaient dans la rue, tout à fait normalement. En même temps, je me suis dit : " Mais, pourquoi Tohru n'est pas avec eux ? " J'étais très surprise de les voir parfaitement en "3D" !! Même si ce n'était que dans un rêve !!! Oui, malheureusement, ce n'était qu'un rêve... (rires)

AÏE !! J'AI MAL !!

AAÏE !!

OUI, JE T'AI VUE !

SAKI, C'EST TOI QUI AS FAIT ÇA ! TU LUI AS JETÉ UN SORT !

FLAP FLAP

IL A JUSTE GLISSÉ, ET IL EST TOMBÉ... ET EN TOMBANT, IL S'EST ÉGRATIGNÉ LE GENOU SUR UN GRILLAGE EN FIL DE FER ...

ALORS, POURQUOI LES ENFANTS DISENT-ILS QUE C'EST À CAUSE DE SAKI ?

IL A ATTRAPÉ UNE INFECTION

S'IL A ÉTÉ HOSPITALISÉ, C'EST POUR ÊTRE SÛR QUE CE N'ÉTAIT PAS GRAVE ...

ILS DISENT QU'IL EST TOMBÉ... PARCE QU'ELLE LUI AURAIT JETÉ UN SORT

MÉGUMI... TU LIS ENCORE CE GENRE DE LIVRE ?

MAMAN VA FINIR PAR AVOIR PEUR

...CE N'EST PAS DU TOUT LOGIQUE !

EUH... C'EST MAMIE QUI L'A ACHETÉ ... ELLE A DIT QUE TU EN AURAIS PEUT-ÊTRE BESOIN ...

C'EST PAS À CAUSE DE TOI, SI CE GARÇON IL S'EST BLESSÉ !

ALORS, POURQUOI TU LAISSES LES AUTRES CONTINUER À T'EMBÊTER À CAUSE DE ÇA ?

NE T'INQUIÈTE PAS POUR MOI ! JE SUIS PLUS DOUÉ QUE TOI, DANS LES RELATIONS HUMAINES

NE PARLE PAS COMME ÇA... SINON, TOI AUSSI, TU VAS TE FAIRE EMBÊTER À L'ÉCOLE

IL EST TRÈS INTÉRESSANT

DIS, SAKI... POURQUOI EST-CE QUE TU NE DIS JAMAIS RIEN ?

S'IL TE PLAÎT, N'ABANDONNE PAS ...

NOUS T'AIMONS ...

AIE CONFIANCE EN NOUS ...

MA CHÉRIE !

SAKI ...

J'AI CHANGÉ D'ÉCOLE ...

AU MILIEU DE L'ANNÉE

MADEMOISELLE HANAJIMA ! QU'EST-CE QUE ÇA VEUT DIRE ?!

JE VOUS RAPPELLE QUE CE N'EST QUE VOTRE PREMIER JOUR ICI ! QU'AVEZ-VOUS SUR LES ONGLES ?

ENLEVEZ ÇA IMMÉDIATEMENT !

VOUS ÊTES TRÈS BIZARRE
...

VOUS ME DEMANDEZ D'ENLEVER LES PREUVES DE TOUS MES PÉCHÉS ?

IL EST BLEU MARINE

C'EST PARCE QU'ICI, L'UNIFORME N'EST PAS NOIR
...

HEIN ?! JE NE VOIS PAS DU TOUT LE RAPPORT !

AH BON ?

TU PEUX TOUJOURS METTRE DU VERNIS NOIR ! C'EST TRÈS CHIC !

MÊME DANS UN NOUVEL ENVIRONNEMENT
...

JE SAIS ! D'APRÈS ELLE, C'EST LA PREUVE DE SES PÉCHÉS
...

BAM

DITES, MADAME ! LES ONGLES DE HANAJIMA SONT TOUT NOIRS !

JE NE VOULAIS PAS OUBLIER QUE J'ÉTAIS "DIFFÉRENTE"

JE PENSAIS QUE C'ÉTAIT INUTILE... ET DE PLUS
...

JE N'AI JAMAIS ESSAYÉ DE ME RAPPROCHER DES AUTRES

EN TOUT CAS, MOI, JE PEUX TE DIRE QUE LES GENS QUI ME CONNAISSENT, ILS SE RÉCUPÈRENT PLUTÔT DEUX CENTS PROBLÈMES, POUR UN SEUL BIENFAIT !!

OH, JE NE CROIS PAS QUE LES GENS QUI SONT AUTOUR DE MOI PUISSENT RÉCOLTER MÊME UN SEUL BIENFAIT, EN ME FRÉQUENTANT...

JE NE PEUX PAS MANGER AVEC VOUS

À L'AVENIR, JE VOUS CONSEILLE DE NE PAS ESSAYER DE ME FRÉQUENTER...

HA HA HA

OOHHH

TAN

JE NE DISAIS PAS ÇA POUR VOUS DÉCOURAGER, OU POUR VOUS FAIRE RIRE...

ÉCOU-TEZ...

COMME DIT LE DICTON : "VOUS EN TIREREZ CENT DIFFICULTÉS, POUR UN SEUL BIENFAIT"

HANA, T'ES DANS CE LYCÉE, COMME NOUS... AUJOURD'HUI, IL FAIT BEAU, ET C'EST L'HEURE DU DÉJEUNER...

BON... JE CROIS QU'ON A ASSEZ DISCUTÉ !

CE N'ÉTAIT PAS UN OBJECTIF... JE NE VOULAIS PAS TE LANCER UN DÉFI...

À PARTIR D'AUJOURD'HUI, JE VAIS FAIRE LE MAXIMUM POUR RÉUSSIR À AMENER AU MOINS UN BIEN-FAIT À UNE SEULE PERSONNE !

TRÈS BIEN, JE RELÈVE LE DÉFI !

EH !

ON Y VA !
VOUS VENEZ
?

HANA !!
MÉGUMI
!!

J'ÉPROUVE
UNE RECON-
NAISSANCE
INFINIE
...

POUR
PAPA, MAMAN,
GRAND-MÈRE,
ET SURTOUT
POUR TOI

OUI.
ON ARRIVE
...

PARFOIS
...

JE ME
SENS UN PEU
COUPABLE
...

ILS SONT
TOUJOURS
SOURIANTS, ET DE
BONNE HUMEUR,
POUR MOI
...

JE CROIS
QUE JUSQU'À
MAINTENANT,
J'AI ÉTÉ UN PEU
TROP ÉGOÏSTE

MA FAMILLE
ET MES AMIES
M'AIMENT TANT...
MAIS MOI, JE SUIS
ÉTERNELLEMENT
INSATISFAITE

Chapitre 52

Bavardage sur presque rien n° 4 :

Vous avez remarqué ? Kyô grandit, petit à petit. Et pour Yuki, c'est pareil. Beaucoup de lecteurs et de lectrices l'ont déjà remarqué. J'en suis ravie.

CE SERAIT VRAIMENT DOMMAGE QUE JE ME PERDE BÊTEMENT DANS CES RUES ...

PROMIS !

ALORS QU'AUJOURD'HUI, TON MAÎTRE NOUS A INVITÉS CHEZ LUI !

AH ! JE COMPRENDS !

JE SAIS QUE TU ES TRÈS ÉTOURDIE... ALORS NE TE PERDS PAS AVANT D'ARRIVER, D'ACCORD ?

TOHRU ...

N'ATTENDS PAS TROP DE CETTE REN- CONTRE

IL VEUT JUSTE DISCUTER TRANQUILLEMENT, AUTOUR D'UN PETIT REPAS ...

TU RISQUES DE TROUVER ÇA PLUTÔT ENNUYEUX

C'EST LA PREMIÈRE FOIS QU'ON VA LUI RENDRE VISITE, ALORS ...

JE SUIS TRÈS CONTENTE !!

HIER

OUI !!

HOOO

MON MAÎTRE VEUT NOUS INVITER TOUS LES DEUX ...

T'ES OK ?

Impressions n° 5 :

Je vais encore vous parler de jeux vidéo ! Je viens de finir un jeu très sympa, pour PC, et je l'ai tellement apprécié que j'ai fini par acheter aussi la version pour la Playstation 2. Je sens que je vais encore bien m'amuser !
Vous savez, j'ai l'impression que je suis devenue vraiment accro aux jeux vidéo... vous ne pensez pas ? (rires)
Je joue toujours à différents RPG avec autant de plaisir. Mais récemment, je suis devenue folle d'un jeu d'aventure qui s'appelle "Ico", c'est un jeu que je trouve rempli de douceur et de délicatesse... enfin, je n'arrive pas à bien expliquer les sensations que j'ai pu ressentir, mais je suis sûre que vous me comprenez ! (rires)
Oui, c'est un jeu merveilleux. Alors, si vous avez l'occasion, il faut y jouer !
Au fait, il y a peu de temps, je me suis souvenue avec beaucoup de nostalgie de "Biohazard", sur la Gamecube. Ça aussi, c'était un super jeu !

123

DITES... SI VOUS ÊTES D'ACCORD...

EUH...

C'EST BIENTÔT L'HEURE DU DÉJEUNER

BON... C'EST PLUTÔT ENNUYEUX...

SI ON POUVAIT RÉUSSIR JUSTE AVEC DES "IMPRESSIONS", TOUT LE MONDE RÉUSSIRAIT !

C'EST DRÔLE... AUJOURD'HUI, J'AVAIS L'IMPRESSION DE POUVOIR RÉUSSIR...

MAÎTRE, VOUS N'ÊTES PAS AUSSI RIGOUREUX QUE ÇA !

SI VOUS ME LE PERMETTEZ...

JE POURRAIS CUISINER QUELQUE CHOSE POUR VOUS !

C VAC

TAN TAN...

TOHRU, ATTENDS !!

PARFAIT ! VOUS POUVEZ COMPTER SUR MOI !

QUELLE BONNE IDÉE ! JE TE REMERCIE D'AVANCE, TOHRU !

UNE INVITÉE QUI FAIT LA CUISINE POUR SON HÔTE ? ÇA VA PAS, NON ?!

QUOI ?!

MAÎTRE ! J'AI DIT NON !!

126

IL PLANAIT COMME UNE ÉTRANGE ODEUR, TOUT AUTOUR DE LUI... UNE ODEUR QUI RESSEMBLAIT ...

À L'ODEUR DE LA MORT ...

MAÎTRE ...

J'AI UN MESSAGE À VOUS TRANSMETTRE !

C'ÉTAIT LE PÈRE DE KYÔ ...

IL A DIT... QU'IL DÉSIRAIT VOUS VOIR LE PLUS RAPIDEMENT POSSIBLE. TOUT DE SUITE, SI POSSIBLE ...

AH OUI ?

QUI ÉTAIT-CE, AU TÉLÉPHONE ?

POURQUOI VOUS APPELLE-T-IL JUSTEMENT AUJOURD'HUI ?

UN JOUR OÙ KYÔ EST ICI... JE ME DEMANDE CE QU'IL A DE SI IMPORTANT À VOUS DIRE

EST-CE QUE VOUS COMPTEZ LE VOIR IMMÉDIATEMENT ?

133

QU'EST-CE QUE VOUS RACONTEZ ?! JE NE SUIS PLUS UN GAMIN, MOI !

AVANT, TU ÉTAIS TOUJOURS SUR LE POINT DE PLEURER, QUAND JE SORTAIS ...

EUH...

GRRR

NE T'INQUIÈTE PAS, JE VAIS TOUT FAIRE POUR RENTRER RAPIDEMENT

ÇA, C'ÉTAIT IL Y A TRÈS LONGTEMPS ! ALORS, ARRÊTEZ DE ME TRAITER COMME UN MÔME ...

SOIS SAGE D'ICI LÀ, D'ACCORD ?

JE M'APPELLE KUNIMITSU TOMODA. ENCHANTÉ DE FAIRE VOTRE CONNAISSANCE

EUH... QUI ÊTES-VOUS ?!

OUAH !

C'EST UNE SIMPLE DISPUTE AMICALE !

JE SUIS LE SECRÉTAIRE DE MAÎTRE KAZUMA, ET AUSSI UN DE SES ÉLÈVES

LE MAÎTRE S'OCCUPE SI BIEN DE KYÔ ! MAIS, SON FILS ADOPTIF EST UN VRAI FEU FOLLET !

KU-NI-MI-TSUU-UUU !!

JE CONNAIS KYÔ DEPUIS QU'IL EST TOUT PETIT. JE POURRAIS VOUS RACONTER BEAUCOUP D'ANEC-DOTES, À SON SUJET !

PAR EXEMPLE, IL AVAIT TELLEMENT PEUR DE CETTE TACHE QU'IL Y A LÀ-BAS, SUR LE MUR DE LA CUISINE, QU'IL PLEURAIT À CHAQUE FOIS QU'IL LA VOYAIT ...

MOI AUSSI, J'AI PLEURÉ POUR CE GENRE DE CHOSE

ALORS, C'EST VRAI ? TOI AUSSI, TU PLEURAIS DE PEUR QUAND TU ÉTAIS PETIT, KYÔ ?

KUNIMITSU, VOUS ÊTES COMME NOTRE MAÎTRE ! VOUS IMAGINEZ DES CHOSES EN PERMA-NENCE !!

VOUS ÊTES DES IMBÉ-CILES !

VOUS N'AVEZ PAS BESOIN DE LUI DIRE CE GENRE DE CHOSES SANS INTÉRÊT !!

ALLEZ VOUS-EN ! LAISSEZ-NOUS TRAN-QUILLES !

OUI, OUI... J'AI COMPRIS. JE NE VEUX SURTOUT PAS BRISER VOTRE INTIMITÉ

COMME TOUT LE MONDE, NON ?!

AH !

C'EST PAS DRÔLE !

LA TACHE DONT IL VIENT DE PARLER, C'EST CELLE-LÀ ?

...

HEIN ?! QUOI ?!

KYÔ JOUIT ACTUELLEMENT D'UNE LIBERTÉ TOUT SIMPLEMENT EXTRAVAGANTE

C'EST LA COUTUME D'ENFERMER CEUX QUI SONT HANTÉS PAR LE CHAT ...

MAIS, QUAND IL AURA FINI LE LYCÉE, TOUT RENTRERA DANS L'ORDRE !

DANS CETTE CHAMBRE SI SOMBRE, QUI EST SITUÉE AU FOND DE LA MAISON PRINCIPALE DES SOMA

JE LE FERAI ENFERMER ...

JUSQU'À SA MORT

JE COMPTE SUR VOUS, MAÎTRE KAZUMA, POUR QUE LE MOMENT VENU ...

JE L'EMPÊCHERAI DE SORTIR À TOUT JAMAIS !

IL NE PUISSE PAS ÉCHAPPER À SON SORT !

COMME VOTRE GRAND-PÈRE, IL SE VERRA REFUSER LE DROIT DE SE MARIER. ET IL VIVRA SEUL, TOUTE SA VIE DURANT

KYÔ EST CERTAINEMENT CONSCIENT DE L'AVENIR QUI L'ATTEND... MAIS ...

CETTE ODEUR DE TÉNÈBRES, JE L'AI TOUJOURS SENTIE PLANER ...

CHEZ LES SOMA

JE L'EMPÊCHE-RAI DE RETOMBER ...

DANS CETTE OBSCURITÉ

JE REFUSE DE LE LAISSER REVENIR "EN ARRIÈRE"

MON CŒUR POURRAIT SOMBRER, DANS UNE TELLE OBSCURITÉ ...

JE TE L'AI DÉJÀ DIT !

JE N'AIME PAS L'EAU !!

JE N'AIME NI LA PISCINE NI LA MER !

Chapitre 53

ON NE PEUT PAS
CONTINUER À FUIR
ÉTERNELLEMENT
...

HO !

ET,
DONC
...

IL FAUT
QUE CETTE BOÎTE
HERMÉTIQUEMENT
FERMÉE SOIT
...

CHHHHH

Bavardage sur presque rien n° 5 :

Les vêtements que Momiji porte à partir de la page 153 ont été dessinés par Mme Mari Hidaka, l'un des grands auteurs de manga pour les filles ! Elle m'a envoyé un fax sur lequel il y avait un petit dessin de Momiji. Il était si mignon que j'en suis devenue folle instantanément. Alors, j'ai demandé à Mme Hidaka l'autorisation de reproduire exactement les vêtements que Momiji portait sur son fax. Il faut que je vous l'avoue, je crois que son dessin était plus mignon que ce que j'en ai fait... Momiji portait une chemise à manches longues, des bottes, etc. Je vous présente toutes mes excuses, je n'ai pas autant de talent que Mme Hidaka.
En tous cas... merci beaucoup beaucoup, Mme Hidakaaaaaa !!

ALORS ?!

ALORS, TOHRU ?! TU VAS VENIR, N'EST-CE PAS ?! ...TU AVAIS PROMIS !

AH BON ...

ALLEZ, DIS OUI, TOHRU !!

MAIS ...

EUH ...

SI NOUS DEVONS PARTIR DEMAIN, IL NE FAUT PAS PERDRE DE TEMPS ...

AU FAIT... ET S'IL PLEUVAIT ?

LA MÉTÉO A PRÉVU UN TRÈS BEAU TEMPS POUR DEMAIN !

TOUT VA BIEN !

C'EST D'ACCORD !! PARCE QUE J'AI TRÈS ENVIE DE PARTIR !!

DANS CE CAS-LÀ ...

TU PEUX Y ALLER, SI TU VEUX ...

PERSONNE NE T'EN EMPÊ-CHERA, ET JE T'Y AUTORISE !

MOI AUSSI, J'AI BIENTÔT FINI !!

IL NOIE LE POISSON

EN CE QUI ME CONCERNE, J'AI PRATIQUEMENT TOUT TERMINÉ ...

ET VOUS ?! VOUS AVEZ DÉJÀ TERMINÉ VOS DEVOIRS DE VACANCES ?

SI CE N'EST PAS LE CAS, VOUS NE POUVEZ PAS ALLER VOUS AMUSER !

BRRRROMM

RRROMM

RROOMM

CHHHHH

MAIS NON, PAS DU TOUT ! NE T'EN FAIS PAS POUR ÇA

JE SUIS VRAIMENT DÉSO-LÊÊÊE !

LES DEVOIRS DE PHYSIQUE SONT TROP DIFFICILES, POUR MOI... JE SUIS RESTÉE BLOQUÉE DESSUS ...

JE NE FAIS QUE VOUS CAUSER DES ENNUIS ...

YUKI ET MOMIJI SONT TROP RAPIDES !

TIENS ?

JE VAIS FAIRE DES EFFORTS, POUR POUVOIR VENIR AVEC VOUS !

OU'

COURAGE, TOHRU !

TU VAS Y ARRIVER !!

AU FAIT, OÙ EST KYÔ ?

CHHHH

JE CROIS QU'IL SE REPOSE, DANS SA CHAMBRE

CE SERAIT BEAUCOUP PLUS FACILE, SI ON PARTAIT UN PETIT PEU PLUS TARD ...

CLIC CLIC

POUR CHERCHER DES SCA-RABÉES !!

ET POUR LES FEUX D'ARTIFICE !

156

KYÔ !

KYÔ ?

QU'EST-CE QU'IL Y A ? TU ES MALADE ?

JE NE ME SENS PAS BIEN ...

SI ÇA NE TE DÉRANGE PAS, LAISSE-MOI TRANQUILLE... J'AI BESOIN DE CALME ...

...

...

D'AC-CORD ...

162

MERCI BEAUCOUP DE NOUS AVOIR AIDÉS, KYÔ...

C'EST RIEN DU TOUT. MAIS...

TU POURRAS PAS DORMIR ICI, CETTE NUIT

AH !

ON DIRAIT QUE LE VENT S'EST CALMÉ !

KYÔ, ÇA NE SE FAIT PAS, CE GENRE DE CHOSE !!

TU AS FAIT UN GROS TROU DANS LE PLAFOND DE LA CHAMBRE DE TOHRU ?! CE N'EST PAS BIEN, ÇA !

MAIS SI IL N'Y A PAS SI LONGTEMPS...

J'AI DORMI DANS CETTE CHAMBRE, ALORS QU'IL Y AVAIT UN GROS TROU AU PLAFOND !

JE ME PASSERAI DE TES COMMEN-TAIRES !!

AH... TU PARLES DU TROU QUE J'AVAIS FAIT ?

QUOI ?!

"...C'EST UN SOUVENIR
QUI EST TRÈS CHER
À MON CŒUR !!"

...

...
QU'EST-CE
QUI VA M'ARRIVER,
DANS LE FUTUR
?

ET QU'EST-CE QUE JE PERDRAI ?

QU'EST-CE QUE JE GAGNERAI ?

Immunisée contre la peur / Fin

Natsume, adolescent orphelin et solitaire, est traqué depuis son enfance par les yôkai (êtres surnaturels japonais). Héritier d'un carnet lui conférant un droit de vie et de mort sur eux, Natsume suscite bien des convoitises… Un shôjo d'aventures fantastiques qui ne manquera pas de vous fasciner !

Fruits Basket by Natsuki Takaya
© Natsuki Takaya 2001
All rights reserved.
First published in Japan in 2002 by Hakusensha Inc., Tokyo
French language translation rights in France arranged with Hakusensha, Inc.,
Tokyo through Tohan Corporation, Tokyo
Supervision éditoriale : Akata

© 2004 Guy Delcourt Productions pour la présente édition.
Dépôt légal : janvier 2004. I.S.B.N. : 978-2-2-84789-357-1

Traduction : Victoria-Tom
Adaptation : Alexandre Tisserand
Lettrage : Éliette Blatché
Conception graphique : Trait pour Trait

Imprimé et relié en avril 2013
par CPI Aubin Imprimeur, à Ligugé.

www.akata.fr
www.editions-delcourt.fr